# WortWindStille

Regina Lehrkind

# WortWindStille

Nichts dem Zufall

Regina Lehrkind

Lyrik und Kurzprosa

Bibliografische Information der Deutschen Nationalbibliothek: Die Deutsche Nationalbibliothek verzeichnet diese Publikation in der Deutschen Nationalbibliografie, detaillierte bibliografische Daten sind im Internet über dnb.dnb.de abrufbar.

Die automatisierte Analyse des Werkes, um daraus Informationen insbesondere über Muster, Trends und Korrelationen gemäß §44 UrhG („Text und Data Mining") zu gewinnen, ist untersagt.

© **2024 Regina Lehrkind – Alle Rechte vorbehalten.**
Dieses Werk ist urheberrechtlich geschützt. Alle Rechte, auch die der Übersetzung, des Nachdrucks und der Vervielfältigung des Werkes oder Teilen daraus, sind vorbehalten. Kein Teil des Werkes darf ohne schriftliche Genehmigung des Verlags in irgendeiner Form (Fotokopie, Mikrofilm oder einem anderen Verfahren), auch nicht für Zwecke der Unterrichtsgestaltung, reproduziert oder unter Verwendung elektronischer Systeme verarbeitet, vervielfältigt oder verbreitet werden.

**Verlag:** BoD · Books on Demand GmbH, In de Tarpen 42, 22848 Norderstedt
**Druck:** Libri Plureos GmbH, Friedensallee 273, 22763 Hamburg
**Coverdesign:** BuchWerkstatt Regina Lehrkind
**Umschlag:** Mika M. Krüger
**Lektorat & Korrektorat:** BuchWerkstatt Regina Lehrkind, Satzkrobatik Yvonne Powell

ISBN: 978-3-7597-8672-2

**Haftungsausschluss**
Die Wiedergabe von Gebrauchsnamen, Handelsnamen, Warenbezeichnungen usw. in diesem Werk berechtigt auch ohne besondere Kennzeichnung nicht zu der Annahme, dass solche Namen im Sinne der Warenzeichen- und Markenschutz-Gesetzgebung als frei zu betrachten wären und daher von jedermann benutzt werden dürfen. Trotz sorgfältigem Lektorat können sich Fehler einschleichen. Autorin und Verlag sind deshalb dankbar für diesbezügliche Hinweise. Jegliche Haftung ist ausgeschlossen, alle Rechte bleiben vorbehalten.

**Externe Links**
Die Autorin übernimmt keinerlei Gewähr für die Aktualität, Korrektheit, Vollständigkeit oder Qualität der bereitgestellten Informationen. Alle Inhalte dieses Buches wurden sorgfältig und besten Gewissens zusammengetragen. Sie spiegeln die persönliche Meinung und Erfahrung der Autorin wider. Die Autorin übernimmt daher keine juristische Verantwortung und Haftung für Schäden, die durch eventuelle Fehler oder fehlerhafte Anwendung entstehen, und erhebt keinen Anspruch auf juristische Korrektheit sowie inhaltliche Vollständigkeit. Die Umsetzung erfolgt ausdrücklich auf eigenes Risiko. Es gibt keine Garantie dafür, dass alles genau so, bei jeder Leserin / jedem Leser, zu genau den gleichen Ergebnissen führt.

Folge nicht den Fußspuren der Meister:
Suche, was sie gesucht haben.

Bashô (1643 - 1694),
eigentlich Matsuo Munefusa, japanischer Dichter

## Die Begegnung

Begegnungen hinterlassen Spuren auf Lebenslandkarten, denn sie bereichern.

Jeder Mensch, der in unser Leben tritt, bringt irgendetwas mit. Es erschließt uns nicht sofort. Begegnungen können kurz, heftig oder schmerzhaft sein; nach kurzer Zeit verpuffen sie im Nichts oder es wachsen Freundschaften aus diesen Momenten.

Kennst du die Magie des Augenblicks, wenn du dich mit jemanden verbunden hast und es zu einer Begegnung wurde? Verbinden bedeutet, sich auf einen Menschen einzulassen.
Begegnungen passieren aus unserem Verhalten und Handlungen, die wir zuvor getan haben und gehen nicht auf das Konto des Zufalls. Im Prozess des Loslassens von Personen, bzw. nicht tragfähigen Beziehungen, schaffen wir Raum für Neues und Begegnungen.

>„Alles, was Dir begegnet ist eine Möglichkeit,
>den Weg zu gehen!"
>– Unbekannt –

Es ist die Begegnung zweier Menschen, die sich aufgrund

der Distanz ihrer Heimatorte bislang nur virtuell kennen lernen durften. Der lang ersehnte Tag, sich im wahren Leben treffen zu dürfen rückt näher und sie verabreden sich in einem Café. Obwohl sich beide auf dem Bildschirm sehen konnten, fühlt es sich wie ein Blind Date an und die Aufregung und die Vorfreude steigen von Sekunde zu Sekunde. Der lang herbeigewünschte Tag begrüßt sie mit Sonnenschein und wolkenlosem Himmelsblau. Perfekt für eine erste Offline-Begegnung.

Sie treffen sich auf dem Parkplatz des Cafés, ihre Freude ist unbändig. Sie lachen, strahlen vor Begeisterung und begrüßen sich herzlich, nehmen sich in die Arme. Sie gehen in das Café und genießen ihren Cappuccino und beginnen einen inspirierenden, tiefgehenden Dialog. Die Zeit vergeht wie Flug. Sie wünschen sich beide, dass diese Konversation nicht abreißen wird, sie diese fortsetzen und lebendig halten.

Der Zeitpunkt des Abschieds naht. Beide sind glücklich, einander getroffen zu haben, und spüren eine tiefe Dankbarkeit.

Der mystische Moment dieser Begegnung, den eine Person nicht vergessen kann, der sie immer wieder beschäftigt:

Es war die erste Umarmung, in der eine Magie lag. Die Herzenenergie der anderen Person zu spüren, bzw., dass zwei Herzen den gleichen Takt schlagen, ist sehr besonders. Den Mut ihn darauf anzusprechen hatte sie bislang nicht. Sie hatte Angst, dass der für sie kostbare Moment zerbrechen könne. Sie wollte sich und ihr Herz, welches sie geöffnet hatte, schützen!

Beide schenkten sich von Anfang an Vertrauen, das Fundament für eine erfüllende, ehrliche und tiefe Verbindung - wie es eine Arbeitsbeziehung, eine Freundschaft in der Entwicklung braucht. Im Erleben des Wachstums dieses Grundstockes ist sie bereit, über das Geschenk zu sprechen und es zu teilen.

Sie würde gerne wissen, wie er empfunden und gefühlt hat, in diesem einen Moment.

## Versteinert

Im gemächlichen Tempo fuhr ich auf einer Straße, die durch Wiesen führte, auf dich zu. Ich war fasziniert von dem Anblick der Landschaft, den Schneefangzäunen und von dir, dass ich den Wagen stoppte, um ein Foto zu machen. Es erschloss sich mir nicht sofort, dass in diesem Moment eine nonverbale Kommunikation zwischen uns begonnen hatte. Ich verharrte, konnte mich kaum sattsehen und lächelte. Tief legte sich das Vollkommene in meine Augen. Das Foto war schnell vergessen, denn der Augenblick war voller Zauber und unbeschreiblich. Ich drückte den Auslöser der Kamera, hielt das Bild fest, stieg wieder in mein Auto und fuhr los. Nach der nächsten Kurve stoppte ich an einer Wasserstelle, um die Spiegelung auf der Oberfläche und das Himmelsblau einzufangen. Danach schaute ich wieder zu dir. Du standest dort, wie in den Hügel eingebettet und erstarrt. Dein Blick war auf mich gerichtet. Es schauderte mich.

Die Begegnung mit dir geht nicht auf das Konto des Zufalls. Sie war gewollt. Ich war verabredet und wollte die neuen Räumlichkeiten der Akademie meines Freundes aufsuchen. Ich war voller Vorfreude und Aufregung auf das Wiedersehen. Wir hatten uns zwar erst einen Tag zuvor bei einem Neujahrsempfang gesehen, aber uns trennen knapp 600 Kilometer. Jedes Treffen, und die gemeinsame Zeit ohne virtuelle Unterstützung, ist für uns kostbar, dass wir jede Sekunde nutzen, die uns geschenkt wird.

Ich bog in die Straße zum Zielort ein und fuhr auf den Parkplatz. Dann stand ich vor dir. Meine Augen glitten entlang deiner Konturen und die Sonne streifte dich – du wunderschönes altes Bauernhaus.

Mein Freund öffnete die Tür und wir begrüßten uns. Anschließend führte er mich durch das Haus und erklärte mir die Auffälligkeiten des Baustils. Die Bauweise des Bauernhauses, die Anordnung der Räume, die niedrigen Decken, die große Deele, das Holz, die Dielen, versetzen mich und meine Gedanken in eine andere Zeit. Die Fenster gaben den Blick auf die Berge frei und es träumte mich fort. Jeder Winkel und jede Ecke zeigten mir ihre Schönheit, ihre Besonderheiten und den Glanz vergangener Tage. Das Haus präsentierte ns das nicht genutzte Potenzial. Wir ließen die Augen ruhen und sahen die Vielfalt.

Ich fühlte, dass mich dieses Haus nicht willkommen heißen konnte. Es brauchte Zeit. In den Mauerritzen wälzte sich die Schwermut, durch die Räume streifte Zugluft, die nicht zur Ruhe kommen wollte und in Bewegung blieb. Immer wieder berührte sie kalt meine Haut. Unter den Sohlen auf den Dielen vibrierten Geschichten von gestern. Sie zu fühlen tat mir weh. An einem Punkt in der Diele war ein starkes Energiefeld spürbar. Es ließ mich aufgefädelte Traumperlen sehen, die an den Balken hingen. Der Farbglanz der verblassten Farbpigmente, war nicht verloren. Zaghaft spürte ich deine erste Umarmung, die mich lächeln ließ.

Eine Weile war ich alleine in dem Haus. Ich war still, meditierte und genoss den Ausblick aus dem Fenster.

Erinnerungen an meine Kindertage liefen wie ein Film an mir vorbei. Die vielen wunderschönen Wanderungen mit meinen Eltern im Gebirge, die ich geliebt habe. Meine Augen konnten sich noch nie am Gebirgspanorama sattsehen. Als ich dort stand, kam eine Krähe auf die Wiese vor dem Haus geflogen und hüpfte durch das Gras. Das war zuvor schon einmal geschehen, als ich aus dem Küchenfenster geschaut hatte. Ich setzte mich, nahm mein Buch „Der Trost der Schönheit – eine Suche" in die Hand und las weiter. Nach einer Weile spürte ich eine Umarmung – nicht mehr zaghaft. Ich war willkommen. Ich lächelte und blickte durch den Türspalt in den Flur. Die Katze hatte mich die ganze Zeit beobachtet und blinzelte mir zu.
Ich ging zum Fenster und schaute hinaus. Die Krähe landete auf der Wiese und machte ein paar Hüpfer. Sie drehte den Kopf und sah zu mir.

Ich horche auf und vernehme ein leises Flüstern. Zögerlich fließen die ersten Worte und werden zu Geschichten.

Gerne hätte ich mehr erfahren über die Menschen, die einst in diesem Haus gelebt haben, um Bildfragmente zu ergänzen.

## Aichbaindt 1

Versteinert die Geschichte

In den Fugen
wälzende Schwermut
In den Räumen
streifende Zugluft
getriebener Gedanken gleich
unter den Sohlen
vibrieren Geschichten von gestern
Die Körner der Sanduhr
fallen kopfüber

An den Balken
hängen Traumperlen aufgefädelt
nicht verloren der Farbglanz
verblasster Farbpigmente

Zaghaft die erste Umarmung
Ich warte und es fließen Geschichten

Eine Krähe hüpft über das Feld

## Hungerleidezeit

Bauernhaus eingebettet
in HimmelsBlau und WiesenGrün
Traum umlagert
trotzig blickend
still verharrend
Ort leiser Töne
Fugen und Ritzen entziehen Energie
Frostschauer ummantelt
müde Schritte schlagen Spuren harter Arbeit
in knarzende Dielen
tiefe Risse fräsen sich in Hände

Es ruht,
das versteinerte Leben

im nachttintigen Dunkel
in Träumen schillert das Bunt

das Heu reicht längst nicht mehr

Flüsternd durchziehen die Räume
Wehklagen

Hungerleidezeit

**Barbara**
(für Alois)

DU

in meinen Armen
Momentum aus Klarheit und Vollkommenheit
weiß die Silhouette deines Körpers
strahlend und wohltuend
die letzte Wärme
Optimismus und Heiterkeit
ruht auf Lippen

Leise Töne
im Vorbeiziehen eines Lebens
auf der Leinwand
voller Farbbunt

Ein großes Geschenk
zu erleben
voller göttlichem Bewusstsein
in deinen Armen

DU nur DU

Unfassbar tief
die wahre Liebe
in der Verbundenheit

ohne Zeittakt
spüre ich Dich
ohne Worte
lerne sehen

DICH

in vollendeter Schönheit
versinke in deinen Augen
ertrinke auf deinen Lippen
innige Umarmung
schützend

DU und ICH

Verschmelzen auf innigste Art
kaum mit Worten beschreibbar
friedvoll und leise
genießen das Jetzt
keine Gedanken verschwendend
unendlich tiefe Liebe
verwurzeltes WIR

DU und ICH

Fernab von Raum und Zeit
im letzten Atemzug
erstrahlen deine Farben
Deine Seele umarmt mich

DU und ICH für immer

## Der Himmel

Der Himmel
taucht
im blauen Wasser

Verschmelzung
von Blau in Blau
gekräuselte Lippen
flüstern
versunkene Gedanken

In der Stille
glätten sich Lippen
Verbindung reinen Bewusstseins
in der Tiefe
Kraftquelle und Ruhepol
im Außen zum Innenraum
des Seins

## Sehen

Auf dem Berggipfel
Verweilen und Sehen
Das, was sich uns zeigt
Mit wachen Sinnen
Die würzige Luft
Das Säuseln des Windes
Das Tiefblautürkis der Seen
Das Tannengrün
Die Bildsprache der Wolken
Orchestrale Vogelgesänge
Die Verliebtheit des Lichts
Im Blutrot des Sonnenaufgangs

WAHRNEHMEN

Schönheit,
die Sinne streichelt,
Innerstes berührt

Niemals wird sich
das Auge sattsehen können
an Mutter Natur
immer wieder Neues entdecken,
das sich verborgen hielt

Farbpigmente des Seins

**Auf dem Berg**

Am Gipfelkreuz
fernab der Alltag

Schritt für Schritt
auf dem Weg zum Dorthin
lösen sich Alltagsfesseln
befreit der Geist
geräumt der Kopf

Neuer Raum für das Wesentliche

Am Gipfelkreuz
fernab der Alltag
du nur du
im Sein

Reduktion auf das Wesentliche

Der Blick ruhend auf der Vision
mit Respekt und Demut

**MusterHaft**

Musterhaft
hineingeboren in diese Welt
wohlbehütet
auf allen Vieren erstes Erleben
erste Schritte durch die Kindheit

MusterHaft
kleine Hürden bauen sich auf
das Erleben
wird nicht verstanden
die Sprache
bröckelt

MusterHaft
kaschiert
die ersten Fehltritte
Richtungsänderungen
verlangen Mut
durchbrechen

MusterHaft
Geradlinigkeit
entkommen der Blindheit
zu sehen das Wesentliche
das Bedeutsame

Rückblickend
den Blick nie verloren
keine eigenen Fesseln
angelegt
einfach
MusterHaft

Auf Blattweiß
tanzen
druckgeschwärzte Buchstaben
flimmern Nachrichten lautlos
– täglich –
Der ganz normale Wahnsinn

Jute statt Plastik
tönte das Gestern
Frischhalten heute mit Bienenwachstüchern
trotz Klimawandel
und doch

Bienen sterben leise
– täglich –
Der ganz normale Wahnsinn

### Jeden Tag

Schwelle zwischen
**ALT** und **NEU**
dazwischen schweben
**ZWEIFEL, ANGST, FRAGEN**

Zwischentöne brüllen laut
**AUFGEBEN**
**NEUES** liegt zum Greifen nah

Rückzug
    Innere Stille
bringt Ruhe und Klarheit
    lodernde Herzensflamme verströmt
**ERKENNTNIS**

Schritt um Schritt
beginnt ein Wachsen und Formen

Gewagt den **Magischen Moment!**

**ICH BIN!**

**Neue Experimente**

Aktive Prozesse
Veränderung
still beobachtend
Definiere neu und bestimme
das wahre Sein

Fernab
Mittel und Zweck
inmitten von Lebensbunt
kleine Wegweiser
tauche ab in die Tiefen

Die Schönheit meines Seins

## Ankommen

Ankommen
ist mehr
als nur einen Ort zu erreichen
der auf einem zerfetzten Zettel
geschrieben steht

Ankommen
ist mehr
als das Überwinden von Grenzen
das Reisen ohne Papiere
eine Reise ohne Identität
Zuflucht suchend
um im nächsten Moment
wieder weiter zu ziehen
in eine Sprachlosigkeit

Ankommen
um zur Ruhe zu kommen
ausweglos – ausweglos wie die Gedanken
an die Rückreise
an die Rückkehr

**Ankommen**
**ist mehr**
**als nur ein sich Aufhalten**

**Atemzug**

Mit jedem Atemzug
loslassen
Anspannungen,
die sich fesselnd
auf Körper und Seele
legen

Anspannungen,
die aus Stress fließen,
das innere Gleichgewicht
ins Wanken bringen

In deiner Mitte
pulsiert die Lebenskraft
Mut
Persönliche Entwicklung
Willenskraft
Selbstbewußtsein

Mit jedem Atemzug
mit jedem Loslassen
ein bisschen mehr

## Kleine Schritte

Fremd im Selbst!
Erwartungshaltung erfüllen für andere!
Energieraub höchsten Levels!
Ein Leben im Außen!

Wer bin ich, wenn ich nichts habe?
Im nackten Dasein ohne Besitz?

Finde ich mich?
Wer bin ich?
Was kann ich anderen Menschen geben?
Was kann ich für mich tun?

Auf diesem Weg des Entwicklungsprozesses liegen Schmerz und Scheitern, um das Mindset zu erweitern.
Der Motor der Schritte ist die Willenskraft.
In der Klarheit liegt die Kraft für das Vorwärts –
das Ziel!

Lerne zu gleiten auf Turbulenzen.

Gestalte in kleinen Schritten.

**Scheitern**

Scheitern ist

**GLÜCK**

Scheitern ist

**NEUBEGINN**

Scheitern ist

**RESSOURCENGEWINN**

**TRIAL** and **ERROR**

**Takt**

In der Bewegung
taktet Zeit
Sekunde für Sekunde
Tag ein
Tag aus

Doch den Rhythmus
deines Lebens
bestimmst Du selbst.

**Ich möchte gewollter sein**

Ich vergebe mir,
um das Bunt zu sehen,
sonst bleibt die Nacht,
umspült von Tränen im schwarzen Licht.

Im Kopf,
der falsche Film
dröhnend laut.

Kein Vertrauen
tief der Schmerz
unaufhaltsam pochend

Verschlossen das Herz

Für den Moment
zugelassen,
das Gefühl sich zu finden,
um zu lieben,
die Sehnsucht zu spüren,
um zu baden im Bunt.

Ich möchte gewollter sein!

## Herzen brennen

Drei Buchstaben
liegen bedeutungsschwer
auf dem Weg

Zielfokussiert
Schritt für Schritt
noch
flimmernd die Vision
*Beruf wird Berufung*
am Horizont

Am Wegesrand
Blumenblüten
aus Passion
Mission
Profession
Berufung
deren Mitte
von Schönheit
einer Einzigartigkeit
erstrahlt

Entscheidend
zu finden
die richtige Würze

für die Entwicklung
eines eigenen Rezeptes


Unbeschreiblich der eine Moment
der nicht mehr loslässt
das Leben einen Sinn macht
denn

Herzen brennen für Ihre Leidenschaft
– sie schreiben ihre Geschichte!

**Be-we-gung**

Der Punkt
an dem du stehst,
das ist dein Ausgangspunkt.

In Bewegung beginnt dein Weg
deine Geschichte
Schritt für Schritt

mit Höhen
mit Tiefen
mit Fernsicht
mit Weitsicht
mit Nebel

in Klarheit

**Wege**

Neue Wege entstehen im Gehen!

Schritt für Schritt
verlassen
alte Gewohnheitspfade
losgelöst von der materiellen Welt
um zu sehen
um zu hören
um neugierig zu sein

für die Schönheit
des Neuen
die Tiefe des Moments

## Underdog
### für Mario T.

Manchmal fehlen die Worte
Worte, um zu beschreiben eine Reise,
die Lebensreise

Scheinbar schwach und unterlegen
unterwegs auf anderen Wegen
ein Kampf ums Überleben
ohne Wärme ohne Liebe
geächtet und gemieden
gefürchtet jene Schläge und Tritte

ein Herz vom Stahlpanzer ummantelt
sich selbst schützend
geführt von einem hellen Licht
voller Hoffnung und Wärme
in dunkelsten Momenten

Gefallen und aufgestanden
immer und immer wieder
vertrauensvoll weitergegangen
längst getroffen jene Entscheidung -
das Leben zu verändern
das Leben weiterzubringen

Rückschläge und Tiefschläge

immer und immer wieder
aufstehen und weitergehen
suchen und finden
das Wissen
die Erkenntnis
die Fähigkeiten

Alles erreicht und wieder verloren
vom Weg abgekommen
ausgebrannt
sich selbst verloren
Seele ruht im Schoß der Familie
Klarheit der Worte
eines Kindes zeigen den schillernden Diamanten
und führen zurück
zurück auf den Weg

Manchmal fehlen die Worte,
Worte um zu beschreiben eine Reise
Vom Underdog zum TopDog
die Lebensreise

## Corona - Distanz

Briefmarkengroß
malen Pixel Dein Gesicht
auf meinen Bildschirm
verzögert zu den Lippenbewegungen
höre ich Deine Stimme aus dem Lautsprecher
Herzen schlagen schneller
Hände möchten sich berühren
Wärme wird nicht fließen
wir schauen uns an
mit suchenden Augen
jeder sitzt in einem Woanders
wie zwei Solisten
jeder hat seinen Part
seine Mimik
seine Gestik
wir sind vorhanden
und doch
alles ist anders


Ein Klick
schickt uns zurück
in die stille Nachdenklichkeit

## SeelenSehnsuchtsPfad

Schritt für Schritt
Geschichten spüren, die durch Straßen wehen
vorbei an Gebäuden einer vergangenen Zeit
an Dachgiebeln Farbe knisternd bröckelt,
wie ein Aufbegehren,
ein stiller Schrei

Auf weiß getünchten Fassaden
Sonnenlicht milde Wärme strahlt,
verführend das Auge für den Moment,
ein Spiel aus Licht und Schatten,
ein Tanz aus Zeit

Im Sonnenlicht erstrahlen Heckenrosen
leuchten, wie Blüten auf dem Teerosengeschirr
der Strandhafer wiegt sich im Wind
Kandis bricht knisternd in der Teetasse
entführt Gedanken

Knörzende Dielen erzählen
von leichten und schweren Schritten
Abgegriffene Türklinken erfühlten
den Takt der Herzen
Hinter den Türen verborgen
Farbpigmente von Leinwänden
das Leben

Strandkörbe entpuppen sich als Strandkarren im
Wandel der Gezeiten
Durch den Zauber vergangener Tage
tönt das Geschrei der Möwen
stolz ihr Schreiten auf dem Deich

Sehnsucht ankert in Vorgärten alter Fischerhäuser
hinter Hecken duftet der Jasmin
das Herz schlägt Sturm
als Lieblingsgast im Tanz der Farben
auf dem Weg hinaus auf dem Deich
umarmt von salziger Seeluftbrise

Der Blick liegt auf dem Wasser
Der Mond ruht auf sanften Wellen
gebettet im Sternenmeer
golden zeichnet sich der Seemannsohring
auf dem Wasserspiegel

Schritt für Schritt
auf dem SeelenSehnsuchtsPfad

## WortWindStille

Erzähle mit Worten
Partituren aus Sprachtönen
Bilder aus Momentum
getragen von Winden

Worte haben Macht

LAUT und leise

Im Ausatmen der Luft
Wertschätzung und Respekt

Leise Töne
takten sturmfrei
verhallen klangvoll in Stille
fallen in den Moment

im stürzenden Schweigen
verbinden Worte
ein Atemzug Vorsprung
Wellen brechen

Töne vergehen in der
WortWindStille

**Fließtext**

Fließt
Text
Buchstabe für Buchstabe
Wort für Wort
Zeile für Zeile
aus Farbpigmenten
meines Seins
bettet sich auf Weiß
Erzählungen von Freude und Leid
von Erreichtem und Unerreichtem
von tiefer Dankbarkeit
für jenes Wunder
fließen
Texte

## Textfluß

Kehlig und kratzig
jene Laute
sich zu Buchstaben formen
an verlorenen Orten
erste Töne
finden Worte
Gedanken ranken efeugleich
über die Fabrikhallendecke
wehender Ostwind
verwischt die Schrift
unter Morgenfrost

**Staub und Tränen**

Weht der Wind
vor sich her
verkrustet
glühende Wunden
ungezähmt toben
Gedanken ausufernd
gellende Schreie
herausgerissener Herzen
Mütter verlieren Söhne

Im blutgetränkten Sonnenaufgang
stirbt die Hoffnung
im Takt der Sanduhr

**Orangerot**

Im Orangerot
des aufwachenden Tages
klebt das Blut
der unschuldig Hingerichteten
eines Krieges
geboren aus Wahnsinn
Ostwinde fegen
über die Dächer
kühlen die wärmenden Sonnenstrahlen
zögerlich die Geburtswehen des Frühlings
gebettet in gestrandete Hoffnung

Ein Tag zieht vorbei
Gedanken segeln durch Himmelsblau

Ich bin
Ich darf
Ich möchte sein

# Frühling

Das Geäst
erstarrt
unter schwarzer Trauer
Erdknistern
Knospen
Düfte
verharren getarnt
mit bleiernen Flügeln
Schlagen die Raben
Sehnsuchtsgedanken
in das Wolkenweiß
der Fluss gestockt
am Nachthimmel
zersplitterte Sterne

Es wird Zeit!
Erwache!
Frühling

**Worte**

Worte meiner Muttersprache
zerschellt
verstummt
verkümmert
verloren
in der Wärme eines Sommers

Berührt von Sonnenstrahlen
klingen unbekannte und doch vertraute Töne
eine Melodie
unausgesprochener Sprache
schwingt in meinem Herzen

## Die Welle

Die Welle
bricht am Strand
verläuft sich in einem Augenblick

Der Wind spielt mit meinen Gedanken
treibt sie auf das Wasser,
wo sie versinken,
wie das Wasser im Sand

Sonnenstrahlen streicheln meine Haut
Schritt für Schritt
malt sich ein Lächeln in mein Gesicht
genieße die Leichtigkeit
des Moments

**Das Meer**

Das Meer
vermischt sich mit novembergrauem Himmel
versenkt sich in Endlosigkeit des Horizonts

Wellen schlagen wütend
Gischt treibt an Land
schlängelt sich gierig über den Sand
kleine Flocken fliegen
Winterträume gleich
Der eisige Wind
fegt über den Strand

Vergessen das Gestern
Gänsehaut und Klarheit
Glitzernde Salzkristalle
auf Lippenrot

**Kirschbaumzweige**

Unter den Kirschbaumzweigen
blüht die Erinnerung aus Kindertagen
spüre den tanzenden Wind
sehe das satte Grün der Wiesen
vor meinen Augen ziehen Bilder
ein Zaun haselnussbraun
grasende Rinder
Der Tag taucht ein in Savannahrot
um zu verschmelzen
mit dunkler Himmelstinte

Gedanken im fahrenden Zug
ohne zu entgleisen

**Die Reise**

Das Zimmer am Ende des Ganges
gegenüber der Kapelle
Niemand will dort liegen
im Raum der Austherapierten
das Ende eines Weges voller
Hoffnung

Auf der Achterbahn der Gedanken
tönen Stimmen aus der Ferne
ein Lächeln fliegt Dir entgegen
und bleibt weit weit weg
klirrend zerbrechen Sterne am Himmel
nicht mehr dabei
es kommt etwas, das noch nicht war

Das Kreuz an der Wand
wirft Schatten im Sonnenlicht
Gedanken schweben
die Körperhülle voller Leichtigkeit
abgebogen

Eine neue Reise beginnt

## FLIESSTEXT

Fantastische Welten zeichnen mein Sein
Lebensmomente auf weißer Leinwand
In Farbmustern verwebt
Eine Reise voller Höhen und Tiefen
Stille Geschichten eine Lebenspartitur
Schmetterlingsflieder wiegt sich im Wind
Tanze unter freiem Himmel mit nackten Füßen
 durch das Gras
Erfinde einen Traum in dem ich den Mond in den
 Armen halte
Xylosetropfen benetzen meine Lippen bittersüß
Träume von Frieden

## FLIESSTEXT II

F luss
L eben
I nsel
E ingebettet
S tromschnelle
S tein
T empo
E endlos
X ylophon
T ropfen

### Höchstleistung

Höchstleistung
Takt des Tages

Im Fluss Cortison und Adrenalin
schwimmt Selbstwahrnehmung
strömt sich hinein
in den Tunnelblick

Illusion klammert sich
an ein Treibholz
fremdbestimmt hüpfend auf Alltagswellen

Kühl das Bad
im Rausch
fernab der Selbstliebe

Ausharren
auf vergiftetem Nährboden
**Energielosigkeit blockt Veränderung**

**Eintauchen**


Das diamantene Auge der Natur
ruht zwischen Gipfeln
in tiefer Verschwiegenheit
leise säuseln Winde

Das betrachtende Auge
wünscht einzutauchen
in das Kristallklar jenes Bergsees

Eine Verlockung
vom magischen Sog
in Tiefen gezogen zu werden
hinein in die Stille

Auf dem Grund liegend
Sonnenstrahlen
auf Wassern tanzen zu sehen

**Begegnung**

In der Begegnung
für Sekunden
einem Wimpernaufschlag gleich
bleiben Eindrücke
farbig duftend haften
auf der Leinwand des Seins
schmiegen sich unschuldig
an weißes Momentum

Für ewig

## Vollbad im Augenblau

Einfach ohne Worte
spontan und unerwartet
Vollbad im Augenblau
eingehüllt von einem Duft

Gedanken entgleisen

Eine Begegnung
    im Vorbeigehen

## Bergen-Belsen
## Eine Begegnung mit der Vergangenheit

An einem Sonntagmorgen im Frühling machte ich mich auf den Weg nach Bergen-Belsen. Ich war neugierig auf die Begegnung mit dem gleichnamigen Konzentrationslager und konnte mir kein Bild machen, was mich vor Ort erwarten würde.

Vom Parkplatz der Gedenkstätte blickte ich auf eine Betonmauer mit dem Schriftzug Bergen-Belsen. Hinter dem großen Stahleingangstor verbarg sich ein riesiges Gelände – bewachsen mit Heide, Gräsern und Bäumen – durchzogen von gepflasterten Wegen – Lebensadern gleich. Vereinzelt wuchsen kleine Kiefern und vermittelten den Eindruck, dass hier keine Bäume tief wurzeln wollten. Der Gesang einiger Vögel begleitete mich im Eingangsbereich des Geländes. Das laute Klopfen eines Spechtes war zu hören. Ich folgte dem Weg, ließ mich von ihm führen und kam zu einer ersten Schautafel. Diese zeigte die Bebauung und Einteilung des Areals und es wurde deutlich, wie riesig dieses Gelände einst gewesen war. Der Weg leitete mich ein paar Meter weiter zu einem kleinen Monument mit der Aufschrift „Bergen-Belsen 1940-1945". Fünf Jahre voller Fanatismus

und Grausamkeit. Warum nur? Sind nicht alle Menschen vor Gott gleich?
Nachdenklich ging ich weiter und ließ mich Schritt um Schritt von dem Weg führen. Die Sonne schien für diesen Frühlingstag warm, aber es fröstelte mich, denn plötzlich verstummte der Gesang der Vögel. Die Stille schien über das Gelände zu brüllen. Ein lauer Wind transportierte eine kaum hörbare Anklage! Ich passierte Massengräber mit 1000 Toten bis hin zu 5000 Toten. Ein Feld mit kleinen Grabsteinen stach aus der Landschaft hervor, wie das Staccato meiner Gedanken.

Mein Blick schweifte über die Fläche und ich entdeckte den Grabstein von Margot und Anne Frank. Ich ging über eine weiche Rasenfläche und stand einen Moment später mit einem dicken Kloß im Hals vor diesem Stein. Meine Augen füllten sich mit Tränen. Der schlichte Stein war gesäumt von vielen mitgebrachten kleinen Steinen, Bildern von Anne, ihrem Bucheinband. Annes Tagebuch kam mir in den Sinn und ich erinnerte mich an ihren Eintrag:

„Niemand, der nicht schreibt, weiß, wie fein es ist, zu schreiben. Früher habe ich immer bedauert, nicht gut zeichnen zu können, aber nun bin ich überglücklich, dass ich wenigstens schreiben kann. Und wenn ich nicht genug Talent habe, um Zeitungsartikel oder Bücher zu schreiben, gut, dann kann ich es immer noch für mich selbst tun." — Anne Frank Tagebucheintrag, 4. April 1944. Zitat

entnommen der Ausgabe des Fischer Verlags, 1958, S. 150.
Übersetzer: Anneliese Schütz

Tränen liefen über mein Gesicht. In mir regte sich eine Mischung aus Trauer, Wut und Entsetzen über das Geschehene in vergangener Zeit – das grausame Auslöschen von Menschen. Mir wurde bewusst, dass ich das tun darf, was ich so sehr liebe. Ich darf schreiben und meine Worte in die Welt hinaus tragen. Ich bin frei.

Nur der gleichmäßige Klangrhythmus meiner Schritte war auf dem geteerten Weg zu hören, als ich weiterging, ich empfand ihn als störend und laut. In mir kam das Gefühl hoch, dass ich die Ruhe der Toten nicht stören wollte. Am Obelisken und der Inschriftenwand angekommen, schaute ich in den blauen Himmel. Ich suchte nach Antworten. Ich fand keine Antworten. Das fragende WARUM schrie in mir und mein Hals schnürte sich wieder zu. Meine Augen ruhten auf den Inschriften der Gedenktafeln. Einige konnte ich der fremden Schriftzeichen wegen nicht lesen, aber dennoch verstand ich sie alle. Denn sie waren in der Sprache des Herzens geschrieben!

Beim Verlassen dieses Mahnmales hörte ich die Rufe der Kraniche und sah am Himmel ihren Formationstanz. Dieses Bild stimmte mich für den Moment versöhnlich und ich verspürte Erleichterung.

Ich ging zurück zum Eingangsbereich in das Dokumentationszentrum, um mir dort Berichte, Textdokumente, Videos und viele Exponate anzuschauen. Immer wieder verspürte ich Gefühle von Ohnmacht, Wut, Sprachlosigkeit, Fassungslosigkeit, als ich in die Vitrinen schaute. Warum können Menschen so grausam sein?

Mir kamen die Definitionen von Immanuel Kant (1704-1824) in den Sinn:

**Erklärung der Menschenwürde**:
Wenn wir einen Gegenstand gebrauchen können, wie z. B. einen Regenmantel, der uns vor Nässe schützt, dann er ist wertvoll. Wird er rissig oder verliert er die Imprägnierung, so hat er keinen Wert mehr.
Menschen hingegen haben immer einen Wert - egal ob sie krank, alt, arbeitsunfähig, o. ä., sind. Wenn etwas einen Wert hat, so hat es Würde. Jeder Mensch ist wertvoll, weil er ein Mensch ist – er hat Würde.

Menschen sperrten ihresgleichen wie Tiere in Viehwaggons ein und ließen sie abtransportieren in ein ungewisses Morgen. Ein Leben, das von Hunger, Durst, Gewalt, Krankheit, Enge, Tod, geprägt wurde. Absolute Missachtung der Würde des Menschen!

Das Dokumentationszentrum ist ein langgezogenes Gebäude. Die Besucher werden einen rampenähnlichen Raum hinauf geführt, um sich alle Präsentationsflächen anschauen zu können. Es fühlt sich an, als würde man langsam und mit schwerem Gepäck einen Berg erklimmen. Am Ende des Gebäudes befindet sich eine riesige Fensterfläche, die den Blick auf das Gelände freigibt. Es fühlt sich wie eine Befreiung für das Auge und die Seele an und im nächsten Moment, drückt sie wieder, die Schwere der Last. Es gibt keine Versöhnung an diesem Ort.

In Bergen-Belsen kamen ca. 52.000 Menschen aus vielen Ländern Europas um oder starben unmittelbar nach ihrer Befreiung an den Folgen der Haft.

**Die Würde**

**des Menschen**

**ist**

**unantastbar!**

**Abend**

Langsam versenkt
sich der Tag
streift die Haut mit Abendkühle
um Stunde und Stunde
abzutauchen in die Nacht

Glühwürmchen funkeln
abseits des Windlichtes

Hoffnungsstrahlen

unter tintendunklem Himmel

## Duft einer Nacht

Die Geschichte einer Nacht
liegt versteckt in Falten
eines zerwühlten Lakens
der Duft der Lust
nicht verweht
schwebend im Raum
die Sinne streichelnd
Gedanken toben
sehnsuchtsvoll
erspüren
eine Hand
glühende Spuren ziehend
kleine Feuer
auf der Haut entfachend
Atem verdunstet
auf verstreuten Rosenblättern
zaubert Gänsehaut
im Bad Adrenalin
Gedanken toben

Erinnerung an

    den Duft der Nacht

## Traumreste

Traumreste
verschütten sich in das Morgenrot
Stille flutet den Tag während
Sonnenstrahlen
durch das Geäst tänzeln
Offene Augen
lernen das Sehen neu eben noch schwebte
Hoffnung
durch das nachttintige Dunkel
Regenbogenfarben
verschwinden konturlos in das Ungewiss
entgleist
der Takt der Zeit
Sekundenschläge
dröhnen Stoßseufzer

treiben
Gedankenschlangen
fädeln sich durch Neuland
bedeutungsschwer
zieht Wolkenweiß unter Himmelblau

Gibt es ein Wiedersehen?

## Mutter Erde

Kennst Du dieses Gefühl, wenn Du Dir einen Wunsch von Deiner Löffelliste erfüllst!? Wenn sich Aufregung, Neugier und Freude ein Adrenalinbad in Deinen Adern gönnen?

Eine Fahrt mit einem Heißluftballon stand schon länger auf meiner Löffelliste. Zu Beginn des Sommers buchte ich spontan bei einem Anbieter im Münsterland. Die Zusage kam für einen Tag im Spätsommer. An einem Samstagmorgen sollte die Fahrt stattfinden.

Um 05.00 Uhr in der Frühe stieg der Heißluftballon langsam gen Himmel. Die Häuser, Felder und Wiesen wurden unter dem Korb immer kleiner. Mein Herz klopfte und hüpfte vor Aufregung. Stille legte sich wohltuend auf meine Ohren, die fauchenden Gasbrenner stießen heiße Luft in die bunte Ballonhülle und ließen den Ballon höher und höher steigen. Langsam wurde ich ruhiger. Ich begann in die besondere Atmosphäre dieses Naturschauspiels einzutauchen.

Die Erde tränkte sich von Minute zu Minute in ein anderes Farbspiel. Ein Lichtpunkt zeichnete sich am Horizont und wurde langsam größer.
Gigantisch dieser Sonnenaufgang, den ich aus dem fahrenden Heißluftballon heraus beobachten durfte. Mutter Erde präsentierte sich in betörender Schönheit, ein surreales Schauspiel von Licht und Schatten, tanzenden

Nebelschwaden. Das zu erleben und zu sehen, war unbeschreiblich.

**Unsere Welt ist wunderschön und zerbrechlich.**

Schweben durch Räume faszinierender Stille weit über der Erde. Sie legt sich wie ein Balsam auf die Seele und lässt den lärmenden Alltag vergessen. Die Sonne, die Stille umarmen mich friedlich. Eine Wohltat – hier oben möchte ich verweilen und einfach nur schauen, atmen und bei mir sein. Ich habe Tränen des Glücks in den Augen und spüre tiefe Dankbarkeit. Der Blick aus dem Korb des Heißluftballons auf diese unsere Erde macht demütig und stimmt mich nachdenklich. Leise sprechen wir Reisenden darüber, dass die Felder zum Teil notgeerntet werden mussten oder komplett verbrannt sind, dass der Herbst schon vor der Tür steht. Der Herbst, die tanzenden Nebelschwaden, kalte Morgen – an die ich jetzt bei diesem Sonnenschein und der Wärme des Tages gar nicht denken möchte. Aber er klopft an der Herbst – die neue Jahreszeit.

**Wir gehen nicht fürsorglich mit Mutter Erde um.**

Dieses Bild, was sich mir geboten hat, ist ein großes Geschenk, ein besonderer Morgen, etwas, was nicht selbstverständlich ist und sein darf.

In der Himmelstille liegen Wünsche und Träume. Was ich mir wünsche, ist, dass wir bewusster mit unserer Erde, die unsere Heimat ist, umgehen. Wir dürfen nicht zulassen, dass wir das **größte Geschenk - Mutter Erde -** zerstören.

**NaturKatastrophe**

Dieses Bild verliert sich nicht. Es liegt in den Augen – schwer. Es bleibt. Von einem Brennglas für ewig auf die Netzhaut gebrannt.

Es ist früher Abend und es hat aufgehört zu regnen. Das Licht ist im trüben Nieselgrau anders, die Stimmung angespannt. Sie eilt mit ihrem Vater einen schmalen Weg zur Bundesstraße hinunter. Auf diesem fließt über die ganze Breite Wasser. Der seitlich liegende Bach ist aus seinem unterirdischen Bett ausgebrochen und sucht sich neue Wege. Am Ende des Seitenweges ist durch das Blattgrün das Ausmaß der Katastrophe schemenhaft erkennbar. Stockender Atem, rasender Puls, Leere im Kopf, Kehle zugeschnürt, Tränen. Sie schlägt die Hände vor das Gesicht und dreht sich suchend zu ihrem Vater um.

Ein paar Schritte weiter offenbart sich das wahre erschreckende Ausmaß. Die unermüdlich steigenden Wassermassen schieben sich über die Brücke, fluten die Straße, reißen Gehölz, Unrat, Gegenstände mit sich. Parkende Autos sind innerhalb kürzester Zeit schrottreife Wracks. Die Kraft des Wassers reißt sie wie Spielzeugautos mit sich. Wehrlos und machtlos. Ein Traktor schiebt sich durch die Wassermassen und lässt sie Wellen schlagen. Bedrohlich schieben sie sich auf die Böschung zu und brechen sich an der Leitplanke. Die Fußgängerinseln versinken Zentimeter um Zentimeter in der braunen Flut. Inseln, die Schutz bieten, verschluckt von der Naturgewalt. Ein Baumstamm, der von den Wassermassen mitgerissen wurde, knallt in das Brückengeländer und bleibt dort wie ein Marterpfahl hängen. Ein Schauspiel der Natur, dem sie ohnmächtig und hilflos zuschaut.

Es war Regen – Starkregen - innerhalb von 48 Stunden ca. 100 Liter pro Quadratmeter und mehr. 82 Liter pro Quadratmeter im Monat sind offiziell gemessene Werte.

Ein friedlicher und beschaulicher Fluss hat sich aus dem Bett erhoben. Schiebt sich mit zerstörerischer Kraft naturgewaltig über das Ufer. Verwandelt eine Stadt in Sekunden, erstickt sie unter Wassermassen. Reißt Brückenpfeiler mit sich, flutet Keller, lässt Häuser einstürzen, fordert Menschenleben. Langsam fließt es ab, das Wasser, eine Schlammkruste hinterlassend. Hab und Gut – Persönliches – vernichtet.

Das Kostbarste – das Leben – das bleibt.
Es ist Zeit, sich zu besinnen auf das Wesentliche, das Essentielle und das Wichtige.

Bedenke: Mutter Erde zeigt sich erschöpft. Es liegt an uns, ob sie sich erholt.

**Ohne Strom**

In der Nacht nach der Katastrophe wird der Strom abgeschaltet. Aus Sicherheitsgründen und der drohenden Gefahr durch Stromschläge. Zu viele Häuser und Keller sind geflutet.

Die elektrischen Rollladen bleiben unten. Die mechanischen Rollladen lassen sich hochziehen und es fällt zaghaft Licht in die dunkle Wohnung. Befremdlich die Atmosphäre in einer Ausnahmesituation. Durch die Rollladenspalten ist das Blattgrün der Bäume im Garten, die sich im Wind wiegen, zu sehen. Ein Sonnenstrahl fällt in den Raum. Licht und Schatten spielen anders als gewohnt.

Der restliche Raum liegt im Dunkel. Wie ein Abschirmen von dem, was draußen passiert. Ungewohnt und ungewollt fühlt es sich an das Dunkel. Trauer und Schwere liegen in der Luft.

Es gibt keinen Morgenkaffee. Der gewohnte Bohnenduft, der mich am Morgen umarmt. Er fehlt. Er fehlt schon in den ersten Minuten des beginnenden Tages. Die Kühltruhe, sie wird noch ein paar Stunden die Speisen vor dem Verderb schützen. Wie lange wohl der Strom abgeschaltet bleiben wird!? Es ist ungewiss. Das Internet funktioniert nicht.

Abgeschnitten von der Welt, vom Geschehen. Zurückgesetzt. Reset.

Dieser plötzliche Reset tut gut. Ein Buch in der Hand. Das Sofa ins Licht ans Fenster gerückt. Ein Vollbad in den Buchstaben, wohltuend und entspannend. In eine andere Welt abtauchen und das Hier und Jetzt vergessen. Doch es gelingt nicht wirklich. Langsam atmet der Tag mehr Gelassenheit. Die Hand führt den Stift, aus dem die Gedanken auf ein weißes Blatt Papier fließen. Es fühlt sich gut an. Denn es ist nicht zu ändern. Obwohl alles befremdlich wirkt, strahlt die Gelassenheit Zuversicht.

In der Ferne tönen Martinshörner, ein Hubschrauber kreist über der Stadt. Das Gedankenkarussell schraubt sich immer wieder in den Himmel. Die Sehnsucht nach mehr Licht treibt in den Garten. Ein befreiendes Aufatmen wird möglich. Das Farbspiel der Blumen ist Balsam für die Seele. Das Surren der Bienen beruhigt.

Mutter Erde, die vor wenigen Stunden selbst am Ende ihrer Kräfte war, spendet Trost und umarmt Dich sanft.

**Der Kirschbaum**

In unserem Garten stand ein alter Kirschbaum mit bodenlangen Zweigen. Unter seinem dichten Blätterdach verbarg sich im Sommer mein Versteck. Stundenlang saß ich auf einem starken Ast und lehnte meinen Rücken an den Stamm. Träumend verbrachte ich Minute um Minute, naschte von den süßen Kirschen oder las in einem Buch. Hin und wieder kam ein Vogel unter das Blätterdach, pickte an den am Boden liegenden Kirschen, schaute zu mir und hüpfte mit seinem Proviant im Schnabel wieder davon. Momente, die mir ein Lächeln zauberten. Es war mein Ort der Stille, mein Zufluchtsort. Ich liebte es, die Rinde dieses Baumes zu fühlen und zu tasten. Kleine weiche Mooskissen besetzten den Stamm. Das leise Rascheln der Blätter waren geflüsterte Melodien getragen von seichtem Wind.
Es war der erste Baum, den ich umarmte, den ich erspüren durfte. Unter seiner Rinde floss ein starker Strom. Leise erzählte er mir seine Geschichten.

Ihr habt einen wunderschönen Platz in Eurem Garten für mich ausgesucht. Jahr für Jahr wachse ich zu einem großen Kirschbaum heran. Wenn ich mein weiß-rosa Blütenkleid im Frühjahr trage, dann haben wir die schönste Jahreszeit. Es ist, als würde ich in einer prächtigen Robe Walzer tanzen, wenn der Wind sich in meinen Ästen verfängt und sich die Zweige wiegen. Wenn die Bienen gute Arbeit verrichten, darf ich Euch viele Früchte im Sommer schenken –

verführerisch rote, süße aromatische Kirschen. Die Momente, wenn der Wind sacht durch meine Äste streift, sind so erfrischend, wenn die Sonne heiß vom Himmel strahlt. Im Herbst, wenn meine Äste zurückgeschnitten sind, erhole und regeneriere ich mich. So manchem Herbststurm muss ich trotzen und meine Wurzeln halten mich gut. Im Winter stehe ich ganz starr, wenn der Schnee sich auf mich legt. Im Frühjahr, wenn die ersten warmen Sonnenstrahlen auf meine Rinde fallen, erwache ich aus meinem Winterschlaf und der Lauf der Gezeiten beginnt von vorn.

Ich spüre deutlich, dass sich etwas verändert. Es stimmt mich nachdenklich. Die Menschen verlieren an Achtsamkeit. Der Feinstaub, der sich auf meine Rinde und die Blätter legt und die stärker brennenden Sonnenstrahlen, tun mir weh. Jahr für Jahr wird es intensiver. Noch bin ich stark und kann all dem trotzen. Aber was wird in den kommenden Jahren sein? Wie wird Mutter Erde auf die immer größere Belastung reagieren? Kann sie all dem standhalten? Ich wünsche es Dir! Ich wünsche Dir, dass Du in einer Welt ohne Naturkatastrophen aufwachsen und leben kannst. Das die Menschen wieder anfangen zu begreifen und achtsam zu sein!

Ich wünsche es Dir!

**Vergessen den Takt der Zeit**

Unter dem Leuchtfeuer
öffnen sich Räume ohne Grenzen

Fantasiebeflügelt
halten wir uns an den Händen

Wünsche und Träume
gewinnen an Form und Farbe
umrahmt von Horizonten und Himmelsblau

Vergessen den Takt der Zeit
um zu hören
um zu sehen
um zu fühlen
wenn der Mund des Windes
leise Saxophontöne
um das Leuchtfeuer
bläst

Zeit um glücklich zu sein!

**Gestern wird heute**

Gestern wird heute
für eine Sekunde

Ein Tag an dem der Wind weht
kraftvoll seine Abdrücke
auf das Meer zeichnet

Es ist die Sekunde
wo wir begannen
zu lieben

**Seelenflüstern**

Heimatwurzeln gekappt

Farbschichten
auf der Leinwand des Lebens
ohne Bindemittel
zerbröckelt

Ein Bild
zerfurcht von tiefen Narben
überwuchert von
Fesseln aus Schmerz

Sehnsucht
klopft den Herztakt

Im Augenwinkel
glänzend
eine Träne

erzählend

von Sternen des Südens

leises Seelenflüstern
in Regenbogenfarben

**Herzklappenversagen**

Herzklappen
versagen

Das Gefühl
wenn Grashalmspitzen
Fußsohlen berühren
bevor unter ihnen Tautopfen zerbersten
eine Welle Glück durch den Körper jagt
unbeschreiblich

Der Gedanke
an die Pasta
die ich noch einmal mit Dir essen möchte
um danach Sterne vom Himmel zu pflücken

Herzklappenversagen für Sekunden

### In einem fremden Haus


In einem fremden Haus
Regen prasselt
auf das Schrägdach hernieder
so vertraut
die Tropfensymphonie

Darunter
aufstöhnendes Gebälk
knörzend schwermütig
leicht stockt der Atem

Spiel von Licht und Schatten
davonziehender Nacht
getrieben von seichtem Wind
an den Wänden ein Stummfilm
in schlaflosem Moment

Gedanken folgen
ziehen mit
treiben durch Lichtwelten
versunken in der Geborgenheit
wohliger Umarmung dieses Hauses

Ein Autoscheinwerfer
durchbricht die Nacht

den erinnernden Moment
Kinderzimmer

Lächelnd begrüße
ich den Schlaf

(Für Mara und Gerd Michel, Würzburg)

## Perspektive

Mitten auf der Wand ist ein gemaltes Herz.
Ein Pfeil mitten hindurch.
Das Herz verliert zwei drei Tropfen Blut.
Darunter geschrieben ein Name.
Nicht mehr wirklich lesbar, weil darüber
gemalt und geschmiert wurde.
Gezeichnet wurde dieses Herz von einem Menschen,
den wir nicht kennen,
der sein Verliebtsein mitteilen wollte.

Einfach so.

Wie tief sein Empfinden in diesem
Moment war, daran denken wir nicht.
Wir sehen nur die Schmiererei an der
Toilettenwand.

## Unter Wasser

Langsam sinkt der Kopf unter Wasser. Es wird still und friedlich. Atemberaubend das Bild der Unterwasserwelt. Alles bewegt sich im Rhythmus der Wellen. In der Welt aus Blau sieht die Haut bleich aus. Die Bewegung ist langsam. Es erleichtert das Ankommen in einer anderen Welt. Sonnenstrahlen brechen sich an der Wasseroberfläche. Sie tanzen sternglitzernd auf kleinen Wellen. In der Tiefe wird das Blau dunkler fast tiefschwarz. Noch ist das Geräusch der eigenen Atemzüge fremd. Stille durchdringt das Sein – ein Gefühl von angenehmer Einsamkeit. Es ist ein Fallenlassen aus dem Alltag und der Hektik. Ein wohltuender Balsam, der die Seele ummantelt. Einfach nur treiben lassen.

Im nächsten Moment vorbei der Traum. Schweißüberströmte Haut klebt an der Kleidung. Der Puls rast. Eine Stimme ermutigt zum Weitermachen. Er ist wieder da, der Tanz zwischen heiler und kaputter Welt.

**MeerMorgen**

Morgentöne
umspielt von launigen Sturmböen
sich im Gehölz verfangend
knarzende Untertöne schwingend
Schlag des Regens
übertönt den Flügelschlag
der fliegenden Gänse
nur ihr Ruf unüberhörbar
ein Fasan schreit seinen Morgengruß
hinein in das Konzert der Meistersinger
in Glasperlentränen auf der Fensterscheibe
schillern Träume
zerfließen in den Moment

**Der Tag wacht auf**


Am Himmel blühen Rosen
der Tag wacht auf
orchestraler Gesang der Vögel
Blätterrauschen
auf den Wegen
nur ich
mit mir
leise so leise
im Aufwachen des Tages

**Letzter Blick**

Tränenumspülte Augen
blicken

Ein letztes Mal

Sie halten fest
ein Bild – Erinnerung

Ein letztes Mal

In der Luft schwebt Vergänglichkeit
befremdlich die Atmosphäre
regen Treibens auf den Fluren
Linien ziehen sich über den Monitor

        Dauerton
        geradlinige Vektorschleife

Es ist vorbei!

**Ankommen**


Von Sonnenstrahlen
geöffnet
eine der Türen von vielen

Zurückgelassen
die Vergangenheit
überzogen mit Ängsten
geprägt von Unsicherheit
jene Hürden erdrückender Atemlosigkeit

Wärmende Strahlen
ummanteln mein Sein
Vorsichtig noch die Schritte
durch das Bunt des Garten Eden

Ankommen

**Verweile**

Verweile
in der Stille
endloser Tiefe
der Mitte des Seins

Ankommen in mir
um zu sehen
mit anderen Augen
Augen des Herzens
voller Liebe
zu akzeptieren
Stärken und Schwächen
Höre auf mein Inneres
Atme auf

Kehre zu Dir zurück

### Seele des Südens

Heimat
vielschichtig aus
Seen und Bergen
weiten Flächen
Märchenlandschaften
Augen verzaubert

Ausgeblendet
die Armut der Region
Tradition ist Fortschritt
im Heute

Magische Stimmungen
wohltuende Energie
Zwielicht nebeliger Täler
dunkle Wälder
die Grenze von
Glaube und Aberglauben
verschwommen

**Vision**

Visionen
wispern
flüstern
bleiben beharrlich

Augen finden
Hände formen
individuelle Werke
aus ursprünglich kreativem Chaos

Handwerk
Kern des Mittelstandes
gebettet in Tradition und Qualität
verbunden mit
Regionalität und Authenzität

Lebenswerk
Geboren aus Visionen
Geschaffen von Hand

## GIVE PEACE A CHANCE

Zähmung des Sturmgesangs

Gegen die Böen des Ostwindes bleibt sie ungehört die Stimme

Im Tosen der schlagenden Wellen

Verwehen Worte, zermahlen sich im Sand

Ein aufkommender Sturm peitscht fröstelnde Kälte über die Landschaft

Packt und zerrt an den Schultern, treibt Eiszapfen in die Herzen, lässt sie erfrieren

Eine höhere Gewalt

Aufbrausend, launisch zerklüftet sie das Land unserer Väter

Cholerisch und ohne Verstand, vergiftet die Atemluft

Ein Erhalten des sicheren Hafens scheint unmöglich im

blutgetränkten Raum

Ausnahmezustand in der keine Hoffnung stranden mag

Chaos unter zersplitterten Sternen

Herausgerissene Herzen, starre Gesichter, offene Münder

Ausufernd toben die Gedanken im Takt der Sanduhr

Nichts kehrt zurück. Eine Rose blüht im Farbton der unschuldig Hingerichteten.
Carpe Diem! Abgerissen ein Tag im ausgeuferten Bodenlosen.

Er zieht vorbei. Hinter geschlossenen Augen – Zähmung des Sturmgesangs – ICH darf sein!

Regina Lehrkind, 29.4.2022

veröffentlicht auf:
https://literaturoutdoors.com/2022/05/09/gegen-die-boen-des-ostwindes-bleibt-sie-ungehort-die-stimme-regina-l ehrkind-schriftstellerin-_give-peace-a-chance-_-hagen-d-9-5-2022/Auf

**Der Atem des Winters**

Der Atem des Winters
berührt mich am Morgen

Die Zeit zieht sich zurück
fällt in das Dunkel
Gezeitengleich

Die Sonne tanzt auf meiner Haut
zeichnet Konturen

Sand fällt aus den Socken
Erinnerungen an Spülsäume
unter meinen Füßen

Der goldene Teppich raschelnd
Windsäuseln
Geschichten aus Gestern

Nichts bleibt, wie es war
Finde mich

Der nachtblaue Schal
umhüllt und wärmt mich
unter Sternglitzern

**Gebet**

Ich schicke ein Gebet
auf weißes Papier

Ich bin ohne Worte
verschluckt die Buchstaben
in lodernden Flammen
ein Kapitel beendet

Blumenwiesen
wiegen sich sanft
wehen mir Bunt entgegen

**Verbranntes Leben**

In verkohlten Holzbalken ruhen
Geschichten von gestern –
sie atmen

Ich wage den Sprung
in die Tiefe
durch leere Fensterrahmen
unter den Narben der Schnittwunden
brennt das Feuer
Pläne für morgen porös
benetzt von Bluttropfen

Zerstört das Zuhause
geblieben ein Bild der Vernichtung
auf der Südseite

**Hinter den Gipfeln**

Hinter den Gipfeln
erwacht der Tag
Orangerot

Nebelcapes
liegen auf Tannengrün
neben der Eiche stehend,
sehe ich den Zeittakt

Einsichten und Weitblicke

Hinter geschlossenen Augen
zeichnen sich neue Bilder
gerahmt
von Zuversicht
von kraftvoller Ruhe

Verliere mich
tauche ein
in mystische Schönheit

Höhenfall
gebremst von
Herzwärmewellen sanfter Hände
die sich dir entgegenstrecken
aufgefangen

Poesie
der Meere
ein Wellen Wogen
mit eigenem Rhythmus Winden
Muschelträume

Konzert
ohne Dichter
Unausgesprochenes bleibt unentdeckt
ein Raum ohne Töne
Blattleere

Wortfindungsstörungen
verkopfte Gedanke
legen sich schwer
verwirbeln auf der Zunge
Buchstabensalat

Tempel
des Geistes
so kostbares Gut
ein Ort des Lebens
Sein

**Herbst**

Sie fallen
die Blätter
rechts und links von mir
wie Kalenderblätter,
die täglich Zeit takten

Der Morgennebel fasst mich eiskalt
meine Gedanken fallen fröstelnd
zu Boden
betten sich in das Blattgold
von Füßen getreten

Ich ziehe die Jacke enger um mich
gehe schneller
fühle mich unbehaglich
gejagt von Angst

Gehe nach Hause!

Atme auf!

## Für dich – ohne Warum

Durchgefallen
durch die dünne Haut,
die dich hielt
scheinbar

Ich male eine Landkarte
auf einen Fetzen Papier,
damit du loslaufen kannst
auf den Gipfel,
um wieder sehen zu können

Vorbei an den sich im Wind
wiegenden Blüten,
die dir keine Richtung weisen

Ein Weg zu dir selbst!
Ein Weg, der dich stärkt!

Für Schatten und Licht!

Das Ende des Alphabets
bedeutet
keine

Sprachlosigkeit!

# Inhaltsverzeichnis

| | |
|---|---|
| Die Begegnung | 6 |
| Versteinert | 9 |
| Aichbaindt 1 | 12 |
| Hungerleidezeit | 13 |
| Barbara (für Alois) | 14 |
| Der Himmel | 16 |
| Sehen | 17 |
| Auf dem Berg | 18 |
| Musterhaft | 19 |
| Jeden Tag | 21 |
| Neue Experimente | 22 |
| Ankommen | 23 |
| Atemzug | 24 |
| Kleine Schritte | 25 |
| Scheitern | 26 |
| Takt | 27 |
| Ich möchte gewollter sein | 28 |
| Herzen brennen | 29 |
| Be-we-gung | 31 |
| Wege | 32 |
| Underdog | 33 |
| Corona - Distanz | 35 |
| SeelenSehnsuchtsPfad | 36 |
| WortWindStille | 38 |
| Fließtext | 39 |
| Textfluß | 40 |
| Staub und Tränen | 41 |
| Orangerot | 42 |

| | |
|---|---|
| Frühling | 43 |
| Worte | 44 |
| Die Welle | 45 |
| Das Meer | 46 |
| Kirschbaumzweige | 47 |
| Die Reise | 48 |
| FLIESSTEXT | 49 |
| FLIESSTEXT II | 50 |
| Höchstleistung | 51 |
| Eintauchen | 52 |
| Begegnung | 53 |
| Vollbad im Augenblau | 54 |
| Bergen-Belsen | 55 |
| Abend | 61 |
| Duft einer Nacht | 62 |
| Traumreste | 63 |
| Mutter Erde | 64 |
| Naturkatastrophe | 66 |
| Ohne Strom | 68 |
| Der Kirschbaum | 70 |
| Vergessen den Takt der Zeit | 72 |
| Gestern wird heute | 73 |
| Seelenflüstern | 74 |
| Herzklappenversagen | 75 |
| In einem fremden Haus | 76 |
| Perspektive | 78 |
| Unter Wasser | 79 |
| Meermorgen | 80 |
| Der Tag wacht auf | 81 |
| Letzter Blick | 82 |
| Ankommen | 83 |

| | |
|---|---|
| Verweile | 84 |
| Seele des Südens | 85 |
| Vision | 86 |
| Give Peace a Chance | 87 |
| Der Atem des Winters | 89 |
| Gebet | 90 |
| Verbranntes Leben | 91 |
| Hinter den Gipfeln | 92 |
| Höhenfall | 93 |
| Poesie | 94 |
| Konzert | 92 |
| Wortfindungsstörungen | 96 |
| Tempel | 97 |
| Herbst | 98 |
| Warum | 99 |
| Das Ende des Alphabets | 100 |

Milton Keynes UK
Ingram Content Group UK Ltd.
UKHW031055291124
451807UK00006B/464